maçã

poma

pera

pera

laranja

taronja

limão

llimona

uvas

raïm

morango

maduixa

melancia

síndria

coco

coco

banana

plàtan

framboesa

gerd

quivi

kiwi

cereja

cirera

mirtilo

ñabiu

ameixa

pruna

pêssego

préssec

figo

figa

ananás

pinya

manga

mango

dióspiro

caqui

couve-flor

coliflor

curgete

carbassó

beringela

albergínia

cenoura

pastanaga

batata

patata

couve

col

tomate

tomàquet

espinafre

espinacs

brócolos

bròcoli

ervilhas

pèsols

abóbora

carbassa

abóbora-menina

carbassa cacahuet

abacate

alvocat

alcachofra

carxofa

cogumelo

bolet

rabanete

rave

alho

all

cebola

ceba

beterraba

remolatxa

alho-francês

porro

pimento

pebrot

pimenta-malagueta

pebrot picant

espargos

espàrrecs

www.ingramcontent.com/pod-product-compliance
Lightning Source LLC
Chambersburg PA
CBHW041606110726
48005CB00002B/306

* 9 7 9 1 0 4 1 7 0 6 4 3 3 *